C. Favret
I. Gallego
E. Muguruza

Oh là là ! 2

Cahier d'exercices

CLE
INTERNATIONAL

ISBN : 978 2 09-033626-9

Avant-propos

Le cahier d'exercices de *Oh là là*, permet le « passage à l'écrit » et la systématisation des différents points de langue vus en classe.

Il a la même structure que le livre de l'élève : la division par unités, la partie ***Leçons*** et la partie ***Échos***.

Dans la partie ***Leçons***, on systématise à l'écrit les points de grammaire travaillés en classe, ainsi que le vocabulaire, l'expression écrite et l'orthographe, à travers les rubriques *Grammaire et conjugaison*, *Mots et expressions* et *Son-Graphie*. On y trouve des exercices en contexte, variés et gradués, allant du plus contraignant au plus libre, ainsi que des activités ludiques.

Les exercices en contexte demandent des situations de communication particulières, et par conséquent, des personnages et des histoires. Le cahier d'exercices a pour cadre le centre 13e J. On y retrouve des personnages de l'année précédente, mais on en rencontre également des nouveaux. Cette variété permet aux élèves de ne pas se lasser des histoires et des personnages.

Dans la partie ***Échos***, on trouve toujours, outre les rubriques précédentes, une rubrique *Pour apprendre* proposant des stratégies d'apprentissage, une *Compréhension écrite* et une *Expression écrite*. Le cahier permet donc de consolider les acquis de *l'ensemble de l'unité*, y compris la partie ***Échos*** du livre de l'élève.

La rubrique *Pour apprendre* a pour objectif de faire comprendre à l'élève qu'il existe des techniques susceptibles de l'aider dans son apprentissage. Elle lui signale des stratégies d'apprentissage et des savoir-faire scolaires à mettre en œuvre :

- comment se rappeler d'une structure ou d'une conjugaison ;
- comment retrouver un mot oublié ;
- comment s'exprimer à l'oral ;
- comment comprendre à l'écrit ;
- comment s'exprimer à l'écrit.

À la fin du cahier, un index lexical, par unités, *Mon dictionnaire*, contient le vocabulaire actif, écrit ou dessiné. L'élève peut dessiner ou traduire les mots, et choisir ainsi sa façon de les mémoriser.

POUR APPRENDRE

Pour continuer à apprendre le français, il faut d'abord se rappeler :

– Des mots et des expressions;

– Des structures et des conjugaisons apprises l'année dernière;

Comment se rappeler d'une structure ou d'une conjugaison ?

– Utilise le contexte.

– Rappelle-toi : est-ce que cette structure est dans une chanson, un virelangue, un jeu ?

– Apprends une conjugaison comme une chanson et cherche les verbes qui se conjuguent de la même façon. Chante-les le matin sous la douche.

Conjugaison

1 *Deux filles font connaissance au Centre 13ᵉJ.* Complète.

– Salut ! – Salut !

– Comment tu .... *(s'appeler)* ? – Je .... Céline Dufour.

– Et tu .... *(avoir)* quel âge ? – J' .... 13 ans.

– Et tu .... *(être)* à quel collège ? – Je .... au collège Jacques-Prévert.

– Tiens ! Moi aussi.

2 *À la sortie du collège, deux amis.*

– Vous .... *(vouloir)* venir chez moi cet après-midi ?

– Non, nous ne .... *(pouvoir)* pas. Nous .... *(s'entraîner)* de 17 h à 19 h.

– Vous .... *(s'entraîner)* ? Qu'est-ce que vous .... *(faire)* ?

– Nous .... *(faire)* du foot.

– Et dimanche, vous .... *(pouvoir)* venir dimanche ?

– Oh non, nous .... *(aller)* à la piscine avec nos parents.

3 *Julia donne des ordres à sa petite sœur !* Choisis le verbe et complète à l'impératif :

ranger, faire, regarder, chanter.

Ne chante pas !

.... ta chambre !

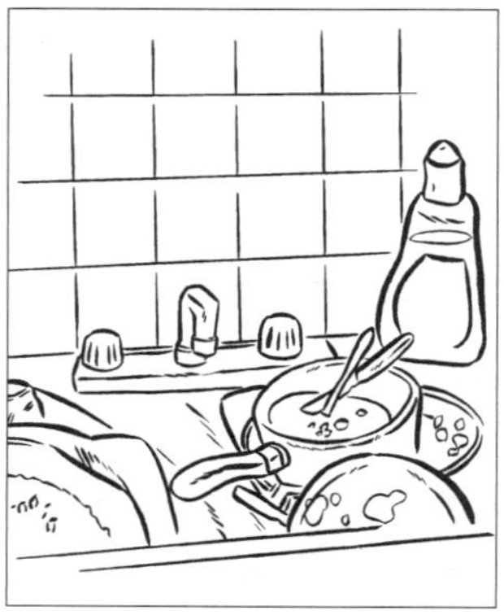

.... la vaisselle !

Ne .... pas la télé !

Grammaire

4 *Au centre commercial.* Complète avec des déterminants.

– On va au centre commercial ? Je veux acheter *une* jupe rouge, ... tee-shirt blanc et .... baskets. J'adore .... baskets rouges de Chloé !

– Moi, j'adore .... anorak de Céline !

5 *Dans la rue.* Utilise les contractés.

– D'où est-ce que vous venez ?

– Je viens de l'hôpital. J'ai mal .... pied.

– D'où est-ce que tu viens ?

– Je viens .... pharmacie. J'ai mal .... tête.

– Où est-ce que tu vas ?

– Je vais .... cinéma.
Il y a le dernier film de Spielberg.

– Où est-ce que vous allez ?

– On va .... stade.
Le PSG joue contre le Real Madrid.

6 *Il aime tout le monde !* Complète avec des possessifs.

J'adore ma famille ! .... père s'appelle Thomas, il est super sympa ; .... mère s'appelle Christine, elle cuisine super bien, et .... sœurs s'appellent Noémie et Florence, elles sont adorables ! J'aime bien aussi la famille de Malika. .... père s'appelle Kader, il rigole tout le temps ; .... mère s'appelle Hakima, elle est toujours contente, et .... grand frère s'appelle Omar, il joue avec nous au basket.

7 *Dans une boutique.* Utilise les démonstratifs.

– Tu aimes ce pantalon noir ? Il est à la mode.

– Oui, mais je préfère .... jeans.

– Et .... jupe. Elle n'est pas mal. Elle va bien avec .... pull !

– Regarde .... anorak jaune. Il est nul !

– Bon, alors je vais acheter .... jeans, ... blouson bleu et .... tee-shirt rose.

– Oh là là ! Tu vas acheter tout ça ?

8 *Les triplets.* Robin = Bénédicte et Delphine.

Robin est français. Il est roux, grand et sérieux. Il n'est pas gros : il est mince et sportif. Il a 13 ans.

Bénédicte et Delphine sont ....

....

9 *Je vous connais !* Complète.

– Vous êtes M. Sadoul ? – Non, je .... suis .... M. Sadoul.

– Vous habitez rue Levat ? – Non, je .... habite .... rue Levat.

– Mais vous êtes professeur au lycée Jacques Prévert ? – Non, je .... professeur.

– Alors votre fils s'appelle Julien ? – Non, je .... enfants.

– Mais vous avez un chien ? – Non, je .... chien.

– Ah, alors, vous .... êtes .... M. Sadoul !

10 *Ton prof doit remplir ta fiche.* Imagine les questions.

....

....

Quelle est ta nationalité ?

....

....

....

....

Nom :
Âge :
Nationalité :
Cours :
Adresse :
Situation de famille :
Goûts :

Mots et expressions

11 *Qu'est-ce qu'ils font ?*

Ils vont au collège.

Il .... au basket.

Elle ....

Elles ....

12 Raconte la journée de Chloé.

Chloé .... Elle .... Elle .... Elle .... Elle ....

13 Choisis cinq objets et dis où ils sont.

....

....

....

....

....

....

....

....

14 *Chloé invite Sandra et Myriam à sa fête d'anniversaire. Sandra accepte mais Myriam refuse.* Imagine le dialogue.

Chloé : Demain, c'est mon anniversaire ....

Sandra : ....

Myriam : ....

15 Complète la lettre à ton correspondant à partir de la fiche de l'exercice 10. N'oublie pas de te présenter, de te décrire et de parler de ta famille.

.........................., le .... 200...

Salut !

Je m'appelle ....

....

....

....

Bises,

16 *C'est facile !* Additionne 11.

Dix + 11= v..............................	+ 11 = t..............................	+ 11 = q..............................
+ 11 = c..............................	+ 11 = s..............................	+ 11 = s..............................
+ 11 = q..............................	+ 11 = q..............................	

LEÇON

1

Grammaire et conjugaison

1 ***Tout le monde la connaît !*** **Conjugue le verbe *connaître*.**

Je .... Alizée. Tu .... Alizée.

Ludovic .... Alizée. Marine .... Alizée.

Julie et Benoît .... Alizée. Nous .... tous Alizée!

Et vous, vous la .... ?

2 ***Le cours de français va commencer.*** **Complète avec le futur proche.**

Bonjour ! Asseyez-vous, s'il vous plaît ! Tarek tu *vas effacer* *(effacer)* le tableau. Maintenant, on .... *(commencer)* le cours, Jade tu .... *(corriger)* les exercices et puis nous .... *(lire)* le texte de la page 30 et vous .... *(souligner)* les verbes en -ER. Denis et Myriam .... *(aller)* au tableau pour écrire les infinitifs.

3 **Complète les phrases avec le temps qui convient.**

Futur proche

Elle *va faire* la vaisselle.

Présent

Elle ....

Passé récent

Elle ....

Ils .... au tennis.

Ils ....

Ils ....

4 ***Il est beau, Kévin !*** **Complète le dialogue avec les pronoms COD.**

– Oh ! J'aime Kévin. Qu'est-ce que je peux faire?

– Tu l'aimes? Alors, tu .... rencontres à la sortie du collège et tu .... invites à ta fête.

– Et sa petite amie? Ouh ! Je .... déteste ! Je .... trouve nulle !

Mots et expressions

5 *Devinettes.* Relie les phrases avec les dessins.

On l'utilise quand il fait froid.

On le promène dans la rue.

On la regarde le soir.

Les chiens l'adorent.

6 *Le message secret !* Écris-le avec la première lettre de chaque dessin.

....

7 *Dessine !* Lis les descriptions et fais les dessins.

a. C'est un garçon. Il est petit et gros. Il porte des lunettes, un pull vert, un pantalon marron et une casquette rouge. Il aime le tennis.

b. Elle s'appelle Sarah. Elle est grande, mince et brune. Elle porte un tee-shirt jaune, une mini-jupe bleue et des chaussures noires. Elle fait de la musique. Elle a un chien.

8 *Énigmes. À qui est le ballon ?* Lis les phrases et devine.

Caroline est française.
Le garçon brun est italien.
L'Italien s'appelle Mario.
Le brun aime le basket.

Édouard adore le cinéma.
La blonde aime les maths.
Le Belge est mignon.
Le garçon qui aime le cinéma est belge.

Prénom	Nationalité	Description	Goûts
....	....	....	....
....	....	....	....
....	....	....	....

Le ballon est à ....

LEÇON

2

Grammaire et conjugaison

1 *Tout le monde va travailler !* Complète avec le verbe *prendre*.

À 8 heures, ma grande sœur .... le train pour aller à l'aéroport et puis elle .... l'avion ; elle est hôtesse de l'air. Mon père et ma mère .... la voiture pour aller au bureau. Mon frère et moi, nous .... le bus pour aller au collège.

2 Complète avec les verbes *apprendre* ou *comprendre*.

– Tu .... le français au collège ?

– Oui, dans mon pays on .... le français à partir de 11 ans.

– Et vous .... aussi l'anglais ?

– Oui, nous .... l'anglais à 8 ans.

– Moi, j'........................ l'allemand et l'anglais, et je .... un peu l'espagnol.

3 *Myriam veut être en forme !* Complète avec les pronoms COD.

Voici quelques conseils pour être en forme :

Étirez le dos !	Je l'étire.
Levez les bras dix fois !	Je .... lève dix fois.
Levez la jambe droite cinq fois !	Je .... lève cinq fois.
Levez la jambe gauche !	Je .... lève.
Serrez le ventre !	Je .... serre.
Tournez la tête à droite et à gauche.	Je .... tourne à droite et à gauche.
Relâchez !	Ouf !

4 *Qu'il est bon en français !* Complète avec les pronoms COD.

J'ai toujours 20 sur 20 en français ! Le vocabulaire, c'est facile ; pour l'apprendre, je .... écris sur un post-it, je .... dessine et je .... répète le matin et le soir.

Pour faire les exercices, j'utilise les exemples et je .... compare avec le livre.

Pour apprendre la grammaire, je .... compare avec ma langue et avec d'autres structures.

Et pour apprendre les verbes, je .... mémorise, je .... copie, je .... chante comme une chanson et je .... compare avec les autres verbes !

Mots et expressions

5 *Où est-ce qu'ils habitent ?*

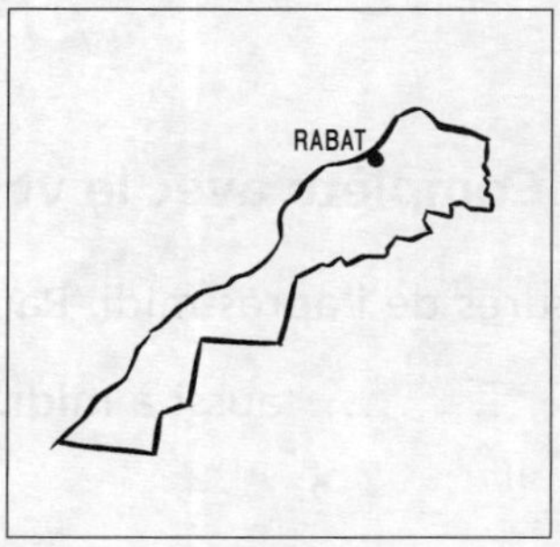

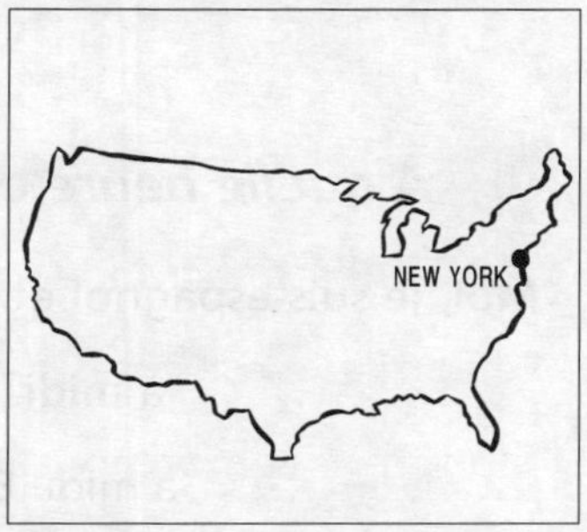

Il habite *à* Paris, *en* France. Elle .... Ils .... Elles ....

....

6 *Une famille de monstres !*

Théodore - Augusta

Loupert - Morathia | Onox - Christipuline

Eldar Halaelle Marie-Lotte | Baltazor Wolfy

Onox est le père de Wolfy et de Baltazor, l'............ d'Eldar, Halaelle et Marie-Lotte et le .... de Morathia. Augusta et Théodore sont les .... d'Eldar, Halaelle et Marie-Lotte, Baltazor et Wolfy. Baltazor et Wolfy sont les .... d'Eldar, Halaelle et Marie-Lotte et les .... d'Augusta et Théodore. Morathia est la .... de Baltazor et Wolfy et la .... d'Eldar, Halaelle et Marie-Lotte.

7 *Mots croisés.* Cherche les 8 moyens de transport.

a. 

b. 

c. 

d. 

e. 

f. 

g. 

h. 

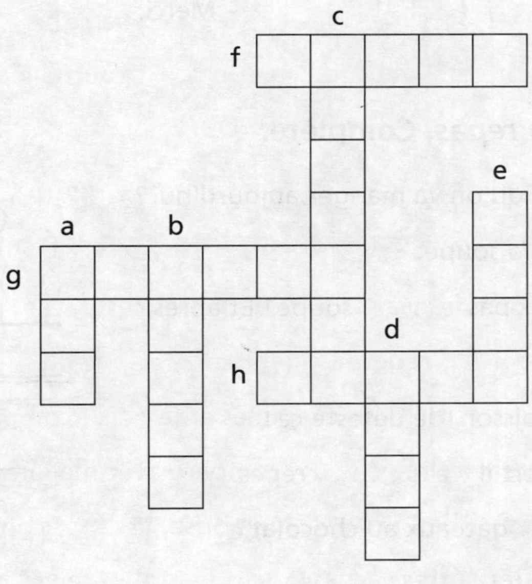

LEÇON 3

Grammaire et conjugaison

1 ***À quelle heure est-ce que vous mangez ?*** **Complète avec le verbe *manger*.**

Moi, je suis espagnol et je .... à deux heures de l'après-midi. Paul et Fiona sont anglais, ils .... à midi. Hans est allemand et il .... aussi à midi. En général en Europe on .... à midi. Et toi, à quelle heure tu .... ?

2 ***Qu'est-ce que vous buvez le matin ?*** **Complète avec le verbe *boire*.**

Le matin, je .... du lait, mes parents .... du café et ma sœur .... du thé. Mais le dimanche nous .... tous du chocolat chaud !

3 ***Julia et Benoît vont faire les courses.*** **Utilise les articles partitifs, si nécessaire.**

– Bonjour Monsieur !

– Bonjour les enfants ! Qu'est-ce que vous voulez ?

– On voudrait *des* œufs, ... beurre et .... farine.

– C'est tout ?

– Non, on voudrait aussi .... lait et .... eau : deux bouteilles .... eau, et une tablette .... chocolat.

– Voilà !

– Merci.

4 ***À l'heure du repas.*** **Complète.**

– Maman, qu'est-ce qu'on va manger aujourd'hui ?

– On va manger *de la* soupe.

– Oh non, je ne veux pas .... soupe ! Et après ?

– .... poisson.

– Encore .... poisson ! Je déteste ça !

– Mais comme dessert il y a .... crêpes.

– Il n'y a pas .... gâteaux au chocolat ?

– Oh là là, ces enfants !

Mots et expressions

5 *Le petit chaperon rouge.*

Le petit chaperon rouge va voir sa grand-mère parce qu'elle est malade. Elle porte  *un panier*

avec 

……………………………, 

………………………, 

……………………………,

 ……………………………, 

…………………………………… et 

……………………………………………………………, sa grand-mère va être très contente !

6 *Un enfant difficile !* Finis les phrases.

Il ne se coiffe pas. 

Il n'aime pas …………………… 

Il ne mange pas …………………… 

Il ne boit pas …………………… 

7 *Les 5 erreurs.* Observe ce qui manque dans le deuxième caddie.

Dans le deuxième caddie il n'y a pas de poisson. ……………………………………………………………

……………………………………………………………………………………………………

8 Qu'est-ce que tu manges à midi ?

……………………………………………………………………………………………………

……………………………………………………………………………………………………

POUR APPRENDRE

Comment retrouver un mot « oublié » :

– Utilise le contexte : tu as appris le mot dans une situation, un dialogue. Lequel ?

– Utilise les antonymes et les synonymes : tu connais le contraire du mot ? Un mot qui lui ressemble ? Un mot qui appartient à la même famille ?

Et rappelle-toi !

Pour mémoriser un mot, tu peux :

– Le relier à une image.

– L'apprendre en utilisant le contexte, les contraires, etc.

– Faire un répertoire, utiliser des post-it avec le nom des objets, etc.

– Essayer de regrouper les mots selon leur fonction, leur catégorie, etc.

Grammaire et conjugaison

1 *Paola, la correspondante de Sarah.* Complète avec le verbe entre parenthèses.

– Tu .... *(connaître)* la cuisine italienne ? C'est très bon. On .... *(manger)* des pizzas et des pâtes et on .... *(boire)* du vin.

– Les enfants aussi ?

– Non, ils .... *(boire)* de l'eau. Ils .... *(apprendre)* à manger des spaghettis à l'âge de 2 ans.

– Nous les Français, nous .... *(manger)* du fromage à partir de 1 an et nous .... *(boire)* du café au lait comme les adultes.

2 *L'hôtesse de l'air.* Complète.

Je suis hôtesse de l'air à Air-France et j'habite à Montréal, ... Québec, ... Canada. Je vais .... États-Unis toutes les semaines et .... Europe deux fois par mois : .... Hollande, ... Suisse ou .... Luxembourg. J'adore voyager !

3 Complète avec un pronom COD.

– Karine Forest est la tante de Sandra. Tu la connais ?

– Oui, je .... connais. Elle est hôtesse de l'air et son mari est pilote, tu .... connais ?

– Oui, je .... aime bien. Je .... aime bien tous les deux.

4 *Qu'est-ce que les bébés mangent ?*

Les bébés mangent de la purée et ils boivent .... lait et .... eau. Ils adorent .... sucre ! Ils ne mangent pas .... viande et ils ne boivent pas .... coca. Ils détestent .... fruits.

Mots et expressions

5 *Le père de Ludovic à l'épicerie.*

Tous les jours, il arrive à son épicerie en ....  mais aujourd'hui il est en retard, il vient en .... 

Dans l'épicerie il y a ....  et ....  de Normandie.

Les ....  arrivent des Antilles en ....  .

6 *La famille.* Devine qui c'est.

Le fils de ma tante est *mon cousin.*

La sœur de mon papa ....

Le fils de mon fils ....

La mère de mon père ....

Les fils de mes enfants ....

Le frère de ma maman ....

Compréhension écrite

7 *Jade écrit dans son journal intime.*

> *Ma famille est partout dans le monde. J'ai trois oncles en Chine, une tante au Viêtnam, et mes grands-parents habitent à Londres, en Grande-Bretagne, avec ma tante Xiao Wu, qui a un restaurant. À Noël, mes parents et moi, on va aller à Londres pour les voir. On va prendre le train : il y a un tunnel sous la Manche ! Moi, je préfère prendre le bateau. Nous, on ne mange pas de dinde avec des marrons, on mange des spécialités chinoises : du canard laqué, des raviolis chinois et du riz ! C'est bon ! Ma grand-mère adore faire la cuisine !*

a. Les spécialités chinoises : tu ne connais pas ces mots, mais tu peux comprendre. Relie les mots aux dessins.

– Canard laqué

– Ravioli chinois

– Riz

b. Jade a combien d'oncles et de tantes ? ....

– Où est-ce que ses grands-parents habitent ? Avec qui ? ....

– Qu'est-ce que Jade va faire pour les fêtes ? ....

– Quel moyen de transport elle va prendre ? ....

Expression écrite

8 *Elles sont comment, les fêtes, chez toi ? Qu'est-ce qu'on mange ? Quand est-ce qu'on a les cadeaux ?* Écris un petit article pour la revue de la classe.

Les fêtes à .... (ville), ... (pays)

....

....

LEÇON
4

Grammaire et conjugaison

1 *La concierge et les nouveaux voisins.* Complète les questions.

– Comment tu t'appelles ? – Je m'appelle Nicolas, madame.

– .... est ton nom ? – Dulac.

– .... sont tes parents ? – Ils sont dans l'appartement.

– .... que vous venez de très loin ? – Non, nous venons de Suisse.

– Tu as .... frères et de sœurs ? – Je suis fils unique.

2 *À la charcuterie.* Cherche les questions.

– Bonjour, ... ?

– Je voudrais 250 grammes de ■✱❒✲❉▲★✱●.

– 250 grammes de .... ?

– 250 grammes de jambon !

– C'est tout ?

– Non, je veux aussi du pâté.

– .... ?

– 200 grammes.

3 *C'est la fête de la musique !* Complète avec le verbe *devoir*.

On .... préparer la fête du 21 juin. On va être 15. Kévin, tu .... acheter les boissons et les chips. Sarah et Caroline, vous .... préparer les sandwiches. Édouard .... faire un grand gâteau au chocolat. Moi, je .... préparer les guirlandes et la musique. On va bien s'amuser !

4 *Qu'est-ce qu'il va acheter ?* Complète avec des quantités.

Pierre va acheter un litre de lait,

.... jambon,

.... spaghettis,

.... eau,

.... farine,

.... chocolat.

5 *Chaque mot dans sa boîte.* Range les mots de l'exercice 4 dans la boîte qui convient.

Masculin	Féminin	Pluriel
Du lait, ...	....	....
....	....	....

Mots et expressions

6 *Qu'est-ce qu'il faut faire pour… ?* Exprime l'obligation.

Pour être en forme, il fuat faire ……………………………

Pour avoir de bonnes notes, il fuat faire ……………

Pour l'anniversaire de maman, il fual achetera ……………

Pour aller au collège, il faual prendre ……………

7 *Kévin, Sarah et Caroline ont fait les courses pour la fête de la musique.* Regarde la table et donne ton avis sur les quantités.

Pour la fête, il y a assez de jus d'orange,

……………………………………………………………………

……………………………………………………………………

……………………………………………………………………

……………………………………………………………………

……………………………………………………………………

8 *Ta maman va faire des crêpes aux pommes.* Complète la liste des ingrédients et fais la liste des courses pour le supermarché.

INGRÉDIENTS

de la farine, 200 g
………. œufs, 4
………. sucre, 50 g
………. sel, 10 g
………. lait, 1/4 L
………. beurre, 150 g
………. pommes, 2

Liste des courses

un paquet de farine
………………… *œufs*
………………… *sucre*
………………… *sel*
………………… *lait*
………………… *beurre*
………………… *pommes*

LEÇON 5

Grammaire et conjugaison

1 ***Nos amis les éléphants !*** **Souligne les verbes conjugués du texte, puis écris l'infinitif et la 3e personne du singulier dans le tableau correspondant.**

Les éléphants <u>sont</u> des animaux très gros. Ils font plus de 6000 kilos. Ils ont un long nez qu'on appelle la trompe. Ils doivent beaucoup manger : ils mangent 200 kilos de nourriture par jour.

Quand ils sont petits, ils restent à côté de leur maman et ils apprennent à marcher.

Les éléphants boivent de 140 à 170 litres d'eau et ils peuvent aspirer 9 litres à la fois. Ils vont boire tôt le matin et tard le soir. Ils adorent prendre leur bain.

Quand ils prennent de l'âge, ils préfèrent vivre seuls. Ils veulent être libres.

Au zoo, ils reconnaissent la voix de leur maître.

Infinitif	être							
3e sing.	il est							

Infinitif								
3e sing.								

2 ***Je-sais-tout.*** **Coche la réponse correcte.**

	Oui	Si	Non
Les Pyrénées séparent la France de l'Espagne.	☐	☐	☐
Paris n'est pas la capitale de la France.	☐	☐	☐
Le Vietnam n'est pas en Asie.	☐	☐	☐
Rome n'est pas la capitale de la Suisse.	☐	☐	☐

3 **Complète.**

La viande est plus chère que les œufs.

La farine est .... le sucre.

Le pain est .... les gâteaux.

Les poires .... les pommes.

Les œufs .... le pain et le sucre.

4 ***C'est toujours comme ça !*** **Complète les phrases.**

Si tu veux faire du foot, *prends (prendre)* un ballon !

Si les élèves .... *(vouloir)* avoir de bonnes notes, ... doivent travailler.

Si tu .... *(aller)* manger, ... *(devoir)* te laver les mains.

Si tu .... *(avoir)* mal à la tête, ... *(prendre)* une aspirine !

Mots et expressions

5 *Les tâches ménagères.* Qu'est-ce qu'il doit faire ?

Il doit mettre la table. ....

....

....

....

6 Qu'est-ce que tu dis dans ces situations ?

Ton frère prend 5 euros dans le portefeuille de ta maman. Toi, tu dis : « .... »

Ta maman pense que c'est toi. Tu dis : « .... »

Ta sœur achète un pull de 100 euros. Tu dis : « .... »

Tu achètes un pantalon. Tu demandes son avis à ton ami.

Tu dis : « .... »

7 Découvre le nom de chaque fille.

Barbara est moins grosse que Séverine

et plus grosse que Carmen et Émeline.

Séverine est plus grande que Barbara et Émeline

mais elle est aussi grande que Carmen.

Carmen est moins contente que Barbara.

Émeline a les cheveux plus courts que Barbara.

8 *Ton petit frère veut aller au cinéma avec toi et tes amis.* Quelles sont tes conditions ?

Si tu veux venir au cinéma avec nous, achète les pop-corn. ....

....

LEÇON 6

Grammaire et conjugaison

1 Associe le singulier et le pluriel.

Viens	Buvez
Mange	Jouez
Arrive	Mettez
Joue	Venez
Mets	Arrivez
Bois	Mangez
Va	Allez

2 Fais des phrases avec les verbes de l'exercice 1.

.... plus vite !

.... me voir !

.... acheter le journal !

.... au basket !

.... du lait !

.... la table !

.... à l'heure !

3 Transforme les phrases en utilisant l'impératif.

– Denis, avant d'aller au collège, tu dois faire ta toilette, prendre ton petit déjeuner et préparer tes affaires pour le collège.

– À midi, ta sœur et toi, vous devez acheter une baguette et mettre la table.

– L'après-midi, vous devez faire vos devoirs.

Denis, avant d'aller au collège, fais ta toilette, ...

....

....

....

....

4 *Au petit déjeuner.* Complète avec le verbe *mettre*.

– Allez les enfants, on va prendre le petit déjeuner !

– Maman, nous .... la table ?

– Oui, toi, tu .... le café et le lait, et vous,

vous .... le pain et la confiture.

– Écoute Éric, ne .... pas la télé si fort, on est en famille.

– Papa, je .... du sucre dans ton café ?

– Oui, merci.

– Maman, je peux .... de la confiture sur les tartines ?

– Mais non Ludovic, tu sais que tu fais régime !

5 ***À Noël on va faire une fête.* Donne des ordres à tes copains et remplace les mots soulignés par un pronom COD.**

– Organiser la fête ! → *Organisez-la !*

– Faire la décoration de la classe ! → ………………………………………… !

– Acheter les boissons et les sandwiches ! → ………………………………………… !

– Chanter les chansons de Noël ! → ………………………………………… !

– Boire et manger ! → ………………………………………… !

6 ***Sa grand-mère est toujours d'accord !* Réponds aux questions en remplaçant les mots soulignés par un pronom COD. Attention à leur place.**

– Mamy, je prends mon goûter ? – Oui, …………………………………………

– Je peux manger mon gâteau préféré ? – Oui, …………………………………………

– Est-ce que je peux regarder les dessins animés ? – Oui, …………………………………………

– Tu vas faire les courses ? – Oui, …………………………………………

– Je peux t'accompagner ? – Oui, …………………………………………

– Alors, je fais mes devoirs après les courses ? – Oui, …………………………………………

Mots et expressions

7 ***De quels vêtements on parle ?* Relie.**

Je les préfère blanches.

Je l'aime beaucoup.

Je la trouve trop longue.

Je les adore.

Je les préfère blancs.

Je le déteste, il est vraiment vieux.

8 ***Chloé va passer le week-end chez sa copine.* Complète les instructions de ses parents.**

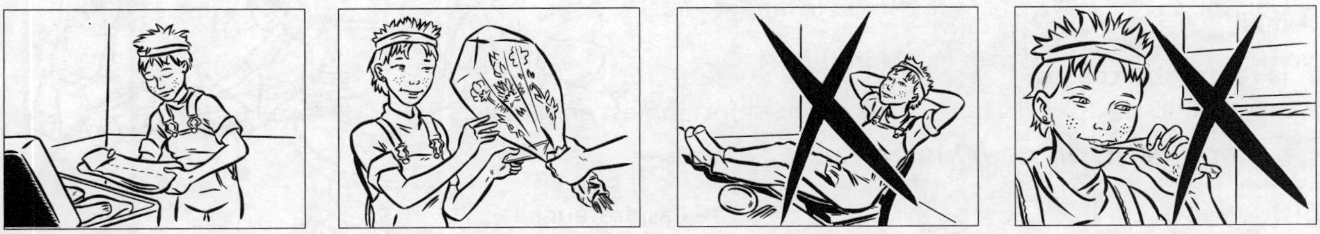

………………… tes affaires !

………………… des fleurs pour sa maman.

………………… sur la table !

………………… avec les doigts !

POUR APPRENDRE

S'exprimer à l'oral

- **Tu ne sais pas si ta phrase est correcte: dis-la, tu as droit à l'erreur!**
- **Si tu fais une erreur:**
  - **cherche la cause avec l'aide de tes camarades et de ton professeur;**
  - **mémorise la construction correcte comme une chanson ou un poème.**
- **Quand le/la prof pose des questions à un camarade, pense à la réponse dans ta tête.**
- **Apprends par cœur les expressions utiles pour commencer et terminer les conversations.**
- **Pour préparer un jeu de rôle ou un dialogue, utilise les pages «Pour communiquer».**

Grammaire et conjugaison

1 *«La tortilla», une omelette espagnole.* **Complète avec des questions et des partitifs.**

– On va faire une tortilla.
– C'est .... la tortilla?
– C'est une omelette espagnole.
– Et .... il faut pour faire une omelette espagnole?
– Il faut .... œufs, ... pommes de terre et .... huile.
– Il ne faut pas .... sel?
– Mais si. Bien sûr!
– .... d'œufs?
– Et .... de pommes de terre?
– Et .... on va manger avec ça?
– .... salade.

2 *Quelle est sa place?* **Utilise le verbe** *mettre* **et les pronoms COD.**

– Où est-ce que ta maman .... le lait? – Elle .... dans le frigo.
– Où est-ce que je peux .... mes vêtements? –...
– Où est-ce que tu .... ta casquette? – ....

Mots et expressions

3 *Que dit ta mère?* **Utilise les trois formes de l'obligation.**

Avant d'aller au lycée, ...
À midi, ...
À la rentrée du collège, ...

4 *Si on veut, on peut!* **Imagine.**

Si ...., passe l'aspirateur!
Si ...., tu dois apporter un cadeau.
Si ...., il faut prendre l'avion.

5 *Un repas dans le jardin.* C'est caché dans le dessin !

a. Retrouve les aliments cachés dans le dessin !

....

b. Avec ces aliments on peut faire un repas.
Qu'est-ce qu'on peut prendre ?

– comme entrée : ....
– comme plat : ....
– comme dessert : ....
– comme boisson : ....

6 Compare les animaux.

....

....

Compréhension écrite

7 *Le jeu vidéo SuperMarcou !*

SuperMarcou est un clown différent, c'est un clown justicier. Il se promène dans la ville avec son chapeau et son nez magique. Quand il rencontre un « méchant » :
– s'il lance son chapeau magique, le méchant tombe ;
– s'il appuie sur son nez rouge, le méchant disparaît.

Attention, il y a des méchants et des super-méchants ! Pour attaquer le super-méchant, il faut à la fois lancer le chapeau et appuyer sur le nez rouge !
Si tu fais disparaître 113 méchants, et 13 super-méchants, tu gagnes le jeu.
Si tu fais disparaître 226 méchants et 26 super-méchants, tu passes au niveau 2.

SuperMarcou se bat contre : ☐ des filles ☐ des méchants ☐ un magicien

SuperMarcou a deux objets magiques, retrouve-les ! : 1 .... 2 ....

Qu'est-ce qu'il faut faire pour gagner ? ....

Qu'est-ce qu'il faut faire pour passer au niveau 2 ? ....

Expression écrite

8 Écris la recette du gâteau au chocolat.

Ingrédients : ....

Recette : ....

....

LEÇON 7

Grammaire et conjugaison

1 Retrouve les formes du verbe *finir* et complète les phrases.

C'est l'après-midi. La pluie ne finit pas de tomber. Boris regarde la télé.

Sa mère : « Boris, ... tes devoirs ! »

Boris : « Attends, le film .... dans dix minutes. J'aime les films qui .... bien. »

Sa mère : « Oh, Boris, tu .... toujours par faire ce que tu veux. Maintenant, les enfants on mange. Vous .... de mettre la table. »

Boris : « Attends, nous .... de regarder la pub. »

SNIFI
NITFI
NISSENTFI
FIRIN
NIFISSONS
FISIN !

2 *Il n'est pas mal, le nouveau collège !* Utilise la comparaison.

Il n'est pas mal, mon nouveau collège. Il est (+) *plus* grand, mais il y a (-) .... élèves. Il y a (=) .... classes, elles sont (+) .... petites mais (=) .... jolies. À la bibliothèque, il y a (-) .... livres mais (+) .... ordinateurs. À la cantine on mange (+) .... pâtes et (-) .... légumes. Mes copains sont très sympas et les filles sont (+) .... belles .... les filles de mon ancien collège. Les profs sont, en général, (+) .... gentils et (-) .... sévères, mais pas la prof d'histoire-géo, elle est (+) .... moche et (-) .... sympa .... Mme Pascal, la prof de l'année dernière.

3 *C'est/il est/ce sont/ils sont ?* Choisis.

Ce sont des chats, ... noirs, ... mignons.

.... un chanteur, ... super ! .... Faudel, ... français.

.... une tour, ... la tour Eiffel, ... très belle.

.... Julia et Benoît, ... mes amis. .... jumeaux, ... très sympas.

Mots et expressions

R	S	E	C	O	I	F	F	E	R	E	R
E	S'	A	S	S'	A	P	P	E	L	E	R
N	O	J	E	H	E	F	A	B	R	T	S'
E	C	S	L	O	P	T	U	T	L	S	I
M	C	E	A	T	G	L	N	E	V	E	N
O	U	R	V	E	D	O	R	N	R	F	S
R	P	D	E	L	C	J	E	D	E	A	C
P	E	E	R	N	I	O	S	P	V	C	R
E	R	I	E	A	C	G	U	U	E	H	I
S	E	R	E	S	S	E	M	B	L	E	R
A	E	G	E	R	O	Y	A	T	E	R	E
S	R	E	R	I	T	E	S'	E	S	I	M

4 *Mots mêlés.* Trouve les 12 verbes cachés.

....

....

....

....

....

....

5 Complète les phrases avec les verbes de l'exercice 4.

Elle se lave et elle ...... c...................... quand elle ...... l......................

Pour le dos il est bon de ......' é......................

Ils ......' a...................... beaucoup pendant les cours de français.

Je ...... p...................... dans le parc avec mon chien.

Aujourd'hui, tu ......' o...................... de la vaisselle.

Je veux ......' i...................... au fan club d'Alizée.

Les gens qui ...... r...................... finissent toujours par ...... r......................

6 Regarde les dessins et compare.

Voilà le placard d'Isabelle.

Voilà le placard de Julia.

Dans le placard de Julia, il y a ....

....

....

7 *Tu aimes un copain du collège mais il ne t'aime pas.* Écris au Courrier des lecteurs.

....

....

....

....

LEÇON 8

Grammaire et conjugaison

1 Écris le participe passé.

Ajouter	*ajouté*	Disparaître	....	Jouer	....	Raconter	....
Arrêter	....	Faire	....	Marcher	....	Voir	....

2 *L'histoire de Cendrillon.* Complète les verbes au passé composé.

Cendrillon *a fait (faire)* la vaisselle, puis elle .... *(commencer)* à se préparer pour aller à la fête du  , mais sa belle-mère .... *(décider)* de l'enfermer dans sa chambre. Elle .... *(pleurer)*, alors la  .... *(utiliser)* sa magie pour l'aider : elle .... *(faire)* une belle robe et un  .

Cendrillon .... *(rencontrer)* le prince, ils .... *(danser)* et ils .... *(manger)* beaucoup de  .

Cendrillon .... *(voir)* l'horloge : minuit moins cinq !, elle .... *(disparaître)* dans son  et elle .... *(perdre)* sa  .

3 Complète les phrases à l'aide de ces verbes.

PARLER PARLÉ MANGER PARLEZ MANGEZ MANGÉ

– On ne doit pas parler en cours.
– Il a .... trop de quiche, il a mal au ventre.
– .... plus fort s'il vous plaît !
– Hier, au cours d'Éducation Civique, on a .... des droits des ados.
– Ne .... pas trop de viande, il faut .... plus de légumes.

4 *La cause et le but.* Relie les questions et les réponses. Plus d'une réponse est possible.

a. Pourquoi est-ce que la police fait une enquête ? ⟶ 2.
b. Pourquoi est-ce que Karim pense que Thomas est le jeune homme en noir ?
c. Pourquoi est-ce qu'Alix va au concert de Désiré ?

1. Parce que c'est gratuit.
2. Pour retrouver Alix.
3. Parce qu'ils se ressemblent.
4. Parce qu'Alix a disparu.
5. Parce qu'elle l'aime.
6. Pour l'écouter chanter.

Mots et expressions

5 Raconte la journée de Myriam.

Hier, Myriam a mangé un croissant, ……………………………………………………………………………………

………

6 *Pourquoi ?* Regarde les dessins et donne deux réponses par question.

a. Pourquoi est-ce qu'il fait la vaisselle ? – *Pour aider sa maman.*
– Parce que sa maman a un bras cassé.

b. Pourquoi est-ce qu'il veut s'inscrire au gymnase ? – ……………………………………………………
– …………………………………………………………………………………………………… être en forme.

c. Pourquoi est-ce qu'il prépare un gâteau ? – ……………………………………………………………
– ……

d. Pourquoi est-ce qu'il regarde la télé ? – ………………………………………………………………
– ………………………………………………………………………………………… voir l'équipe de France.

7 *Paul et Robin pensent que le Brésil va gagner la Coupe du monde, Kévin n'est pas d'accord.* Fais le dialogue à l'aide de la boîte à mots.

……………………………………………………………………………………

……………………………………………………………………………………

……………………………………………………………………………………

……………………………………………………………………………………

……………………………………………………………………………………

……………………………………………………………………………………

……………………………………………………………………………………

Tu te trompes.
Tu as raison.
Tu rêves!
Je crois…
Je pense…

LEÇON

9

Grammaire et conjugaison

1 Écris le participe passé des verbes et mets-les dans leur case.

Téléphoner, finir, voir, perdre, dormir, arrêter, raconter, choisir, entendre, casser, vendre.

Verbes en -ER	Verbes en -IR	Verbes en -OIR, -RE
Téléphoné	....	....
....	....	....

2 Observe l'exercice 1 et complète.

Le participe passé des verbes en -ER finit en -........

Le participe passé des verbes en -IR finit en -........

Le participe passé des verbes en -OIR et en -RE finit en -........

3 Relie l'infinitif à son participe passé.

écrit			pris
fait	Avoir	Disparaître	bu
été	Être	Prendre	mis
eu	Écrire	Boire	disparu
	Faire	Mettre	

4 Tu connais Zinedine Zidane ? Conjugue les verbes au passé composé.

La star du football français *a commencé (commencer)* à jouer au football très jeune. Il .... *(faire)* ses études à Marseille. En 1989, il .... *(quitter)* sa famille pour aller jouer avec l'équipe de Cannes. Magnifique sportif, il .... *(jouer)* dans plusieurs équipes (Cannes, Girondins, Juventus et Real Madrid) et dans l'Équipe Nationale de France.

En 1998, il .... *(gagner)* la Coupe du Monde et la Coupe des Champions.

Il .... *(habiter)* en France, en Italie et en Espagne. Il .... *(épouser)* Véronique et ils .... *(avoir)* trois enfants. Il .... *(enregistrer)* un disque pour l'Unicef. En 2002, il .... *(gagner)* 6 millions d'euros, mais il .... *(être)* triste parce qu'il .... *(avoir)* mal à la cuisse et l'Équipe Nationale de France .... *(perdre)* la Coupe du Monde 2002.

5 *Les vacances à Pézenas.* Complète le texte avec un adjectif possessif.

Ces vacances, nous allons faire du camping avec *nos* parents et la famille Dulac à Pézenas. Nous allons dormir dans .... tente et eux, ils vont dormir dans .... caravane.

Là-bas, je rencontre toujours .... amis Rémy et Bruno, ... parents et .... chien Bobby.

6 Réponds aux questions. Utilise les pronoms COD.

a. – Tu connais les «113» ? – Non, je *ne les* connais pas.

– Et tu connais «Lord Kossitty» ? – Non, je .... connais pas. Je ne connais pas trop le hip-hop.

b. – Tu regardes la série Charmed à la télé ? – Non, je .... regarde pas.

– Pourquoi ? Tu .... aimes pas ? – Non, je .... aime ...., moi. Je .... trouve nulle.

Mots et expressions

7 Fais des phrases à partir des dessins. Utilise les possessifs.

C'est son livre. Ce sont .... voiture. ....

8 Raconte comment Jade a fait la salade composée.

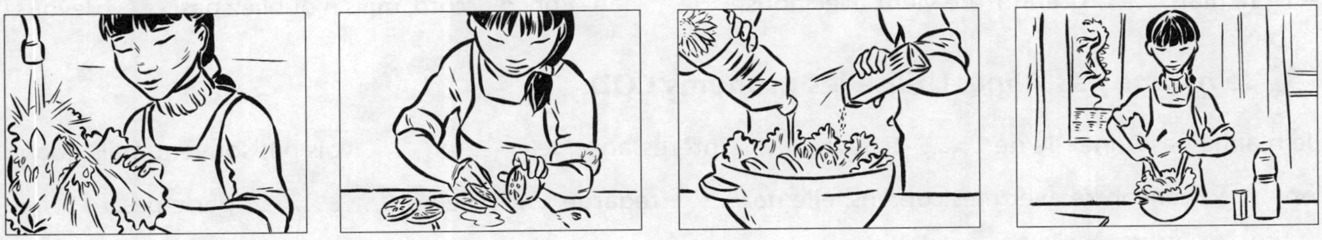

Jade a lavé la salade. ....

9 *Cendrillon moderne!* Choisis les expressions convenables.

C'était top !, Tu te trompes !, Tu rêves !, Ce n'est pas possible !, Tant pis !, C'est nul !, Zut !, Bon appétit !, Joyeux Noël !

POUR APPRENDRE

Comprendre à l'écrit

– Regarde l'image du texte que tu as devant les yeux : tu reconnais le type de texte ? C'est un article de journal, une publicité, une lettre, un message, un récit, une recette ?

– Devine de quoi ça parle : si tu reconnais le type de texte, tu peux émettre des hypothèses par le sens, et chercher la confirmation dans le texte.

- Tu as trouvé la confirmation ? Alors, tu comprends le sens général du texte. Bravo !
- Tu ne comprends pas un mot ? Réfléchis :
  - quelle relation il a avec les autres mots du texte, de la phrase ?
  - c'est un nom ? un verbe ? un adjectif ?
  - il ressemble à d'autres mots que tu connais en français ? Dans une autre langue ?
  - tu as pu deviner le sens global du mot ? oui ☐ non ☐
  - tu n'as pas pu deviner le sens du mot : est-ce que c'est grave ? Tu vois, tu peux continuer la lecture et comprendre de quoi ça parle.

Grammaire et conjugaison

1 ***Présent ou passé composé ?*** **Complète.**

– Qu'est-ce que tu fais ? – Je .... *(regarder)* la télé. Tu ne le .... *(voir)* pas ?

– Et qu'est-ce que tu .... *(faire)*, hier ? – Hier, j'.................... *(être)* avec Pénélope au MacZonald. On .... *(manger)* un hamburger et on .... *(boire)* un coca. Nous .... *(rencontrer)* Alix... et j'.................... *(perdre)* mes clés.

2 ***On veut aller à la piscine.*** **Complète avec des possessifs.**

– Maman, on peut aller à la piscine avec .... amis ?

– .... parents vont vous accompagner ?

– Non, mais .... grand frère vient avec nous.

– Vous avez rangé .... chambre ?

– Oui, maman.

– Bon, d'accord, mais n'oubliez pas .... devoirs !

3 ***Je n'aime pas Aline.*** **Utilise les pronoms COD.**

Je n'aime pas Aline ! Je ne .... trouve .... intéressante. Je .... vois pas souvent mais quand on .... rencontre avec mes copains, elle ne .... regarde ...., elle .... parle pas.

Mots et expressions

4 ***Julia et Isabelle travaillent.*** **Compare ce qu'il y a sur leurs bureaux (+, – , =).**

....

....

....

....

5 *Pourquoi ?* Trouve la réponse.

– Pourquoi il a une jambe dans le plâtre ?

– ....

....

....

– Pourquoi est-ce qu'il passe l'aspirateur ?

– ....

....

....

Compréhension écrite

6 *Fiche portrait n° 178* (Copains.)

Nom : Désiré Dulac.
Né le : 3 mai 1982 à l'île de la Réunion (France).
Famille : 3 grandes sœurs qui vivent à la Réunion.
Artistes préférés : Stevie Wonder, Alpha Blondie, Billy Crawford.
Animaux préférés : les bébés tigres, les lynx.
Chiffre préféré : le 18.
Livre préféré : « Le Seigneur des anneaux ».
Adore : les spécialités réunionnaises, la pizza aux 4 fromages, la plongée sous-marine, le moto-cross.
Déteste : se lever tôt, manger dans l'avion, prendre un bain trop froid.
Qualités : romantique, enthousiaste.
Défauts : naïf, gourmand, séducteur.
Son parcours : a commencé à chanter, à l'âge de 15 ans, pour des mariages et des fêtes de fin d'année. Il est arrivé à Paris en 2001 pour faire ses études, et il a rencontré Céline Dion et Faudel qui l'ont aidé. Il a enregistré son premier disque l'année dernière. Maintenant, il est très connu !

– Où est né Désiré ? À quelle date ? ....

– Quels sont ses repas préférés ? ....

– Comment est-ce qu'il a commencé dans la chanson ? ....

– Qui l'a aidé ? ....

Expression écrite

7 *Quelle journée !* Lis l'agenda d'Annick et dis ce qu'elle a fait hier.

10 H 30	*Téléphoner à mamie.*
	Écrire à Paul.
	Inviter Michel à dîner.
13 H 00	*Manger avec mamie.*
	Acheter le cadeau de Kévin.
	Préparer l'examen de français.
20 H 00	*Dîner avec Michel*

....

....

....

....

....

....

....

....

LEÇON 10

Grammaire et conjugaison

1 *Être ou avoir ?* Choisis et conjugue.

En juillet 2002, j'*ai* voyagé en Espagne avec ma famille. Mon amie Alice .... venue avec nous. Nous .... allés à Cadix. Nous .... mangé tous les jours à 3 heures de l'après-midi, comme les Espagnols ! Le 15 juillet, on .... partis vers Grenade, on .... visité l'Alhambra et on .... vu le Generalife. Nous .... rentrés en France le 25 juillet. Ces vacances .... été formidables. Il .... fait très chaud mais j'................ adoré l'Espagne.

2 *Qu'est-ce qu'ils ont fait hier après-midi ?* Relie.

Les voleurs Julia et Benoît Chloé Hugo Sandra et Myriam

sont rentrées à 20 h. est parti au foot. sont entrés par la fenêtre. sont allés au cinéma. est venue te voir.

3 *L'anniversaire de mamie.* Complète le texte au passé composé.

Hier, mes parents, mon frère et moi, nous *sommes allés (aller)* chez mamie pour son anniversaire. Nous .... *(retrouver)* toute la famille ! Mon oncle Édouard .... *(venir)* de Marseille et ma tante Élodie .... *(venir)* de Lille. Nous .... *(manger)* un gros gâteau et nous .... *(boire)* du champagne. La fête .... *(être)* superbe. Nous .... *(partir)* à minuit !

4 *Futur, présent ou passé ?* Choisis.

Chloé *vient de* se laver.

Elle .... s'habiller.

Elle ....

Hugo .... mettre la table.

Il .... manger.

Il .... faire la vaisselle.

Mots et expressions

5 Qu'est-ce qu'ils sont en train de faire ?

Il est en train de nager. ....

6 *La politesse.* Qu'est-ce que tu dis ?

Tu as froid. Demande à un copain de fermer la fenêtre. ....

Tu veux aller à la gare. Demande ton chemin à un monsieur. ....

7 *Au téléphone.* Complète les dialogues à l'aide des expressions ci-dessous.

allô, c'est, bonjour, je suis bien, parler

a. – .... !

– .... monsieur, ... Myriam.

Est-ce que je peux .... à Sandra ?

– Oui, bien sûr.

b. – Allô, ... au 01 84 58 50 05 ?

– Oui, madame.

– Bonjour, ... madame Alonso, la mère de Julia.

8 Remets ces phrases dans l'ordre.

Sandra	avec	copains	est	piscine.	à	allée	la	ses

....

gâteau	Maman	a	un	fait	au	chocolat.

....

9 *À la plage.* Cherche les neuf mots ou expressions cachés.

C	B	A	I	L	J	R	T	Z	A	I	B
I	R	O	G	I	P	S	U	I	S	G	A
A	S	E	R	V	I	E	T	T	E	U	F
D	I	L	M	R	N	U	E	T	T	E	S
R	P	L	A	E	A	G	B	I	T	E	O
A	U	R	I	C	S	N	P	D	E	L	E
E	B	A	L	L	E	O	A	E	N	O	Z
I	A	M	L	L	E	T	L	T	U	F	E
L	L	T	O	D	E	B	M	A	L	A	I
E	T	A	T	S	P	O	E	L	I	S	N
L	U	N	E	R	I	A	S	L	B	R	O
P	A	R	A	S	O	L	T	O	N	G	E

LEÇON

11

Grammaire et conjugaison

1 *Vivement dimanche!* Complète.

D'habitude, le dimanche je *dors (dormir)* jusqu'à 9 heures. Puis je .... *(prendre)* mon petit déjeuner et j' .... *(accompagner)* ma mère au marché: nous .... *(acheter)* .... poisson, ... viande et nous .... *(choisir)* les fruits. L'après-midi, quand je .... *(finir)* de faire la vaisselle, je .... *(sortir)* avec mes copains. On .... *(aller)* au cinéma, on .... *(se promener)* ou on .... *(jouer)* au basket parce qu'on .... *(ne pas aimer)* le foot. C' .... *(être)* bien parce que mon petit frère .... *(ne pas venir)* avec nous et on .... *(pouvoir)* rigoler!

2 Cherche la question.

Qu'est-ce que tu as fait hier? – Je suis resté à la maison toute la journée.

....? – Ce matin, je suis allé à la bibliothèque.

....? – Oui, j'ai fait mon lit.

....? – Parce que j'ai eu zéro au contrôle!

....? – Elle est arrivée à 10h30.

....? – C'est le 01 23 24 25 26.

....? – Je suis venu en métro.

....? – 50 euros et dix centimes.

3 *Accident de moto.* Conjugue les verbes entre parenthèses.

Hier, j'ai *eu (avoir)* un accident de  . Je .... *(sortir)* du garage, une  .... *(passer)* très vite et je .... *(tomber)*. Alors, j'...................... *(commencer)* à crier. Une dame .... *(téléphoner)* à l'hôpital, une  .... *(arriver)* et nous .... *(partir)* à 

. Ma mère .... *(venir)* très inquiète. Les  .... *(être)* très gentils et la police m'...................... *(interroger)*.

4 *Quel ennui!* Transforme le texte au passé composé.

Dimanche: Marie se réveille à 7h. Elle prend son petit déjeuner et elle sort pour acheter le journal. Elle se promène dans les rues solitaires, elle mange, elle regarde la télé, elle dîne et elle se couche.

Samedi, elle a fait la même chose, elle s'est réveillée, ……………………………………………………………………

……

……

……

5 *Antoine de Saint-Exupéry.* Complète sa biographie.

Antoine de Saint-Exupéry *est né (naître)* à Lyon en 1900. Il …………………… *(étudier)* à Paris et en Suisse. Il …………………… *(faire)* son service militaire dans l'armée de l'air et il …………………… *(devenir)* pilote. Très jeune, il …………………… *(commencer)* à écrire. Entre 1926 et 1931, il …………………… *(entrer)* travailler comme pilote chez Latécoère, et il …………………… *(aller)* en Amérique du Sud. Il …………………… *(essayer)* de relier New York à la Terre de Feu, mais il …………………… *(avoir)* un accident et il …………………… *(rester)* à New York plusieurs mois. En 1943, il …………………… *(écrire)* *Le Petit Prince*, son livre le plus connu. Pendant la Seconde Guerre mondiale, il …………………… *(partir)* en mission et il …………………… *(disparaître)*. Il …………………… *(mourir)* en 1944.

Mots et expressions

6 *Qu'est-ce qu'elle a fait dimanche dernier ?*

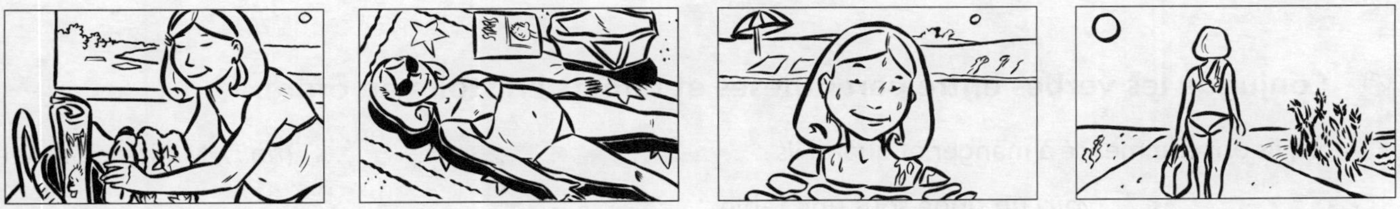

D'abord Sandra ……… Ensuite ……………… ………………… ……………………

……………………… ……………………… ……………………… ………………………

7 *Qu'est-ce qu'ils ont fait avant ? Et après ?*

a. Pendant la fête on a chanté et on a dansé ……………………………………………………………………

……

b. Pendant le repas il a regardé la télé ……………………………………………………………………………

……

8 *Qu'est-ce que tu peux faire… ?*

– à la maison : ………

– au collège : ……

– pour t'amuser : ……

LEÇON
12

Grammaire et conjugaison

1 *Puzzle.* Mets en ordre les phrases.

| n' | Vous | sortis | pas | année ? | cette | êtes | ....

| vu | mes | Je | grands-parents. | n' | pas | ai | ....

| nous | sommes | Nous | pas | ne | amusés. | ....

| Ils | pas | n' | la | ont | aimé | pizza. | ....

2 *Il n'a rien fait ! Madame Alonso parle à Monsieur Alonso.*

– Bonjour, chéri ! Tu as fait les courses ? – Non, *je n'ai pas fait les courses.*

– Alors, Juliette a préparé le repas ? – Non, ...

– Julia et Benoît sont arrivés ? – Non, ...

– Tu es allé chez le docteur ? – Non, ...

– Tu as téléphoné à ta mère ? – Non, ...

– Mais alors, qu'est-ce que tu as fait ? – Rien.

3 Conjugue les verbes entre parenthèses et remets l'histoire en ordre.

a. Alors, ils ont commencé à manger et quand ils .... *(finir)*, Madame Brunel .... *(voir)* un singe sous une table.

b. Hier, Denis et sa maman .... *(aller)* déjeuner au MacZonald.

c. Et puis, ils .... *(chercher)* une table.

d. Ensuite, ils .... *(prendre)* un BigMacZo, deux paquets de frites, un MacZoPoisson et deux cocas.

e. Ils .... *(aller)* voir le singe et quand ils .... *(revenir)* , ils .... *(voir)* le sac ouvert. Elle .... *(regarder)*, elle .... *(demander)* aux gens mais finalement elle .... *(ne pas retrouver)* son portefeuille !

f. D'abord, ils .... *(faire)* la queue.

1b   2.....   3.....   4.....   5.....   6.....

Mots et expressions

4 Qu'est-ce qu'ils n'ont pas fait ?

Il n'a pas acheté le CD de McSolaar.

....

5 *Qu'est-ce qu'elles ont fait hier ?* Devine.

....

6 *Blanche ne sait pas écrire mais elle sait dessiner.* Écris la lettre à sa grand-mère.

....

POUR APPRENDRE

S'exprimer à l'écrit

– Quel type d'écrit tu dois faire ? Une lettre ? Une carte ? Un récit ?
 • Regarde les « modèles » que tu as dans le livre de l'élève ou autre part.
 • Pense aux temps verbaux que tu dois utiliser et vérifie que tu les connais.

– Qu'est-ce que tu veux communiquer ? Une opinion ? Un projet ? Une condition ?
 • Aide-toi en regardant dans les leçons du livre de l'élève et aussi dans l'index « Pour communiquer ».

– Écris une première version, puis :
 • Compare avec les modèles.
 • Vérifie l'orthographe et la grammaire avec ton livre, un camarade, un professeur.

– Écris une deuxième version au propre.

Grammaire et conjugaison

1 *Sophie est allée à Disneyland-Paris.* Complète le texte.

Dimanche dernier, je .... *(aller)* avec mes grands-parents à Disneyland.

Nous .... *(prendre)* le train, nous .... *(partir)* de Paris à 9 heures et nous .... *(arriver)* à 10 heures moins le quart.

Papy .... *(acheter)* les tickets et nous .... *(entrer)*.

D'abord, nous .... *(faire)* le tour dans le petit train et nous .... *(descendre)* à Fantasyland.

Ensuite, nous .... *(monter)* dans beaucoup d'attractions et nous .... *(visiter)* le château de la Belle au Bois Dormant.

Mon frère .... *(ne pas aimer)* le château, il est nul ! Mes grands-parents .... *(ne pas entrer)* dans l'attraction des Pirates. Ils .... *(avoir)* peur !

À 7 heures, nous .... *(voir)* la parade, c'était génial !

2 *Pas de voyage !* Complète avec le passé composé et des expressions de temps.

Nous .... *(ne pas être)* en Suisse !

..............................., on .... *(se réveiller)* en retard.

..............................., on .... *(ne pas trouver)* de taxi pour aller à l'aéroport.

..............................., on .... *(oublier)* à la maison les billets d'avion.

..............................., à l'aéroport, on .... *(perdre)* les valises.

Et quelqu'un nous .... *(voler)* les passeports !

.... l'avion .... *(partir)* sans nous et ...., on .... *(rentrer)* à la maison. Ensuite, on .... *(prendre)* le bus et on .... *(mettre)* une heure et demie pour arriver ! Quelle vie de chien !

Mots et expressions

3 ***Qu'est-ce qu'il vient de faire ?***

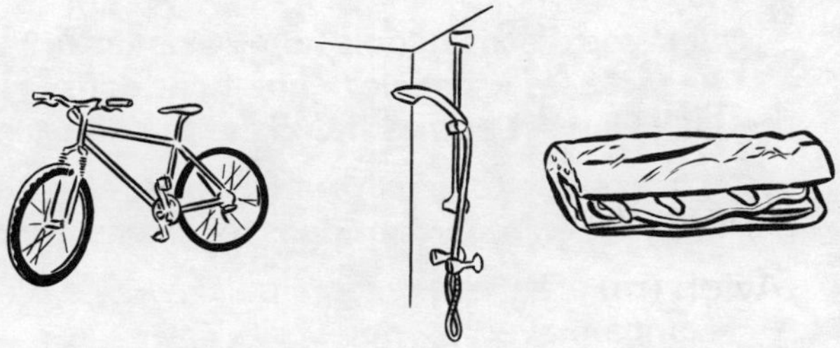

4 ***Qu'est-ce qu'elle est en train de faire ?***

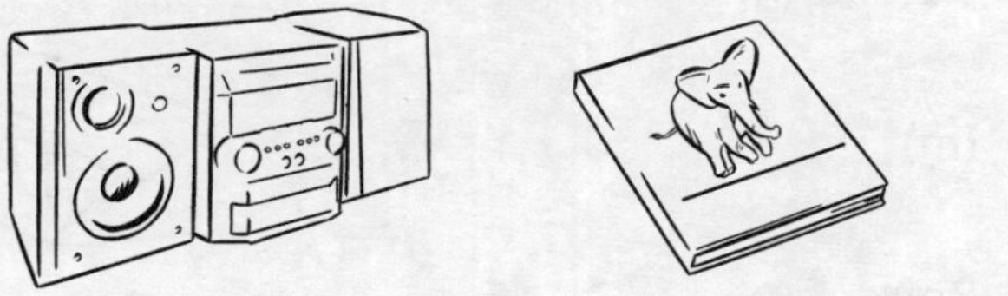

5 ***Qu'est-ce qu'ils vont faire ?***

Compréhension écrite

6 ***Tu connais l'histoire du château de Versailles ?***

En 1623, Louis XIII, le père de Louis XIV, a fait construire un pavillon de chasse à côté du village de Versailles. En 1660, Louis XIV a 22 ans et il aime beaucoup aller à Versailles, il fait du cheval, il va à la chasse avec ses chiens et il se repose dans le pavillon. Il reçoit aussi ses amis : il fait de grandes fêtes avec beaucoup de monde. C'est alors qu'il décide d'agrandir le pavillon de chasse de son père. On a commencé à construire le château et à faire le célèbre jardin « à la française » en 1662. En 1670, on a fini trois bâtiments autour du pavillon, et on a encore agrandi ! En 1682, Louis XIV, le Roi-Soleil, s'est installé avec sa cour à Versailles.

– Comment s'appelle le père de Louis XIV ?

– Pourquoi Louis XIV veut agrandir le pavillon de chasse ?

– Combien d'années se sont écoulées entre 1662 et l'installation du roi ?

– Cherche le mot qui correspond à la « définition » :

• faire plus grand :

• petite ville :

• maison pour la chasse :

• immeuble, maison, etc. :

Expression écrite

7 ***L'année dernière, tu es allé en colonie à La Rochelle.*** **Raconte.**

Mon dictionnaire

UNITÉ 1 - Leçons 1 à 3

Apprendre ....

Avion (m) ....

Bateau (m) ....

(m) ....

Boire ....

Bol (m) ....

Boucherie (f) ....

Bouteille (f) ....

Bus (m) ....

Café (m) ....

Champagne (m) ....

Cheval (m) ....

(m) ....

Coca (m) ....

Comprendre ....

Connaître/reconnaître ....

Cousin/cousine ....

Eau (f) ....

Farine (f) ....

Fruit (m) ....

Gâteau (gâteaux) (m) ....

Gourmand ....

Goûter ....

Grand-mère (f)/Mamy (f) ....

Grand-père (m)/Papy (m) ....

Grands-parents (m. pl.) ....

Kilomètre (m) ....

(m) ....

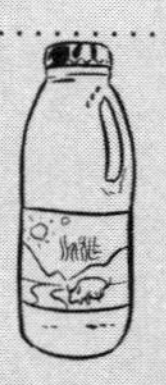

Maison (f) ....

Maman (f) ....

Miel (m) ....

Mignon/mignonne ....

(m) ....

Oncle (m) ....

(m) ....

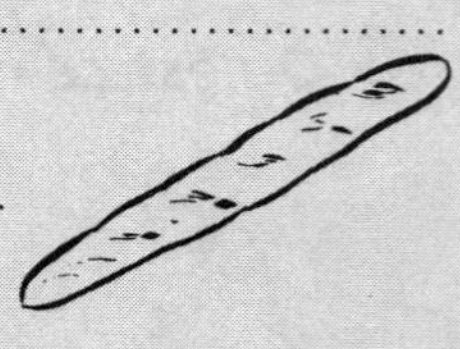

Papa (m) ....

Petit déjeuner (m) ....

Petite-fille (f) ....

Petit-fils (m) ....

Petits-enfants (m. pl.) ....

(m) ....

Prendre ....

Présenter ....

Purée (f) ....

Quelque chose ....

Reprendre ....

Rester ....

Rien/rien du tout ....

Snob ....

Soupe (f) ....

Sucre (m) ....

Surprise (f) ....

Tablette (f) de chocolat ....

Tante (f) ....

Tartine (f) ....

Taxi (m) ....

Thé (m) ....

Timide ....

Toujours ....

Train (m) ....

Très ....

Vélo (m) ....

(f) ....

Voiture (f) ....

Expressions

Alors ....

Attends ! ....

Au coin de… ....

Bien sûr ....

Comment on fait pour aller… ? ....

Enfin ....

Et puis ....

Je l'aime bien/beaucoup ....

Je te le présente ....

Pour quoi faire ? ....

Qu'est-ce qu'il y a… ? ....

Tiens ! ....

Tout le monde ....

Tu la/le trouves comment ? ....

ÉCHOS

Bonne année (f) ....

Carte de vœux (f) ....

Décorer ....

Désolé ....

Joyeuses fêtes ! (f. pl.) ....

Joyeux Noël ! (m) ....

Meilleurs vœux ! (m. pl.) ....

Menu (m) ....

Repas (m) ....

S'amuser ....

Réveillon (m) ....

Verre (m) ....

Village (m) ....

UNITÉ 2 - Leçons 4 à 6

Accepter ....

Aider ....

Ajouter ....

Apporter ....

Argent de poche (m) ....

Assez ....

Aussi ....

(f) ....

Beaucoup ....

Boisson (f) ....

Bouche (f) ....

Canapé (m) ....

Cantine (f) ....

(f) ....

Chaîne hi-fi (f) ....

Cher ....

Chips (f. pl.) ....

Couper ....

Couteau (m) ....

Cuillère (f) ....

Demi-litre (m) ....

Devoir ....

Épicerie (f) ....

Étagère (f) ....

Fête (f) ....

Fourchette (f) ....

Frites (f. pl.) ....

Fromage (m) ....

Gagner ....

Goûter ....

Gramme (m) ....

Instructions (f. pl.) ....

Jambon (m) ....

Jeu de cartes (m) ....

Kilo (m) ....

Lampe (f) ....

(m) ....

Litre (m) ....

Mélanger ....

Mettre ....

Moins ....

Montrer ....

Nez (m) ....

Paquet (m) ....

(f) ....

Pâté (m) ....

Patient ....

Peu ....

Plus ....

(f) ....

(f) ....

Préparer ....

Presque ....

Retourner ....

Retrouver ....

S'occuper de ....

(f) ....

Salé ....

Sans ....

Sucré ....

Tapis (m) ....

Tarte (f) ....

(f) ....

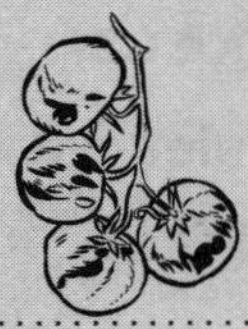

Tranche (f) ....

Trop ....

Yaourt (m) ....

Expressions

À sa place/à la place de ....

Aller chercher le journal ....

Avoir besoin de ....

Bon appétit ! ....

Bravo ....

C'est bien/C'est mal ....

C'est bon/C'est mauvais ....

C'est juste ....

C'est le tour de ....

C'est normal ....

C'est tout ? ....

D'abord ....

Descendre la poubelle ....

Faire la queue ....

Faire les courses ....

Il faut ....

J'ai tout dépensé ....

Je ne suis pas d'accord ! ....

Je peux y aller ? ....

Je voudrais ....

Mettre la table ....

Passer l'aspirateur ....

Qu'est-ce que tu en penses ? ....

Quoi ? ....

Tu en veux combien ? ....

ÉCHOS

Battre ....

Bruit (m) ....

Cafétéria (f) ....

Casser ....

Dessert (m) ....

Entrée (f) ....

Omelette (f) ....

Pâtes (f. pl.) ....

Sel (m) ....

Steak haché (m) ....

Tâches ménagères (f. pl.) ....

Verser ....

UNITÉ 3 - Leçons 7 à 9

(m/f) ....

Album photo (m) ....

Ami (m) ....

Arrêter ....

Autant ....

(m) ....

Bouton (m) ....

Chanteur/chanteuse ....

Choisir ....

Collection (f) ....

Commencer ....

Commissaire (m/f) ....

Concert (f) ....

Coupable ....

Courrier des lecteurs (m) ....

Croire ....

Décider de ....

Disparaître (p.p.: disparu) ....

Disparition (f) ....

Échange (m) ....

Écrire (p.p.: écrit) ....

Encore ....

Enquête (f) ....

Ensemble ....

Entendre ....

Envoyer ....

Fan (m/f) ....

Fan-club (m) ....

Finir ....

Garage (m) ....

Gratuit ....

Hier ....

Indice (m) ....

Inquiet ....

(m) ....

Instant (m) ....

Intéresser ....

Interroger ....

(f) ....

(m) ....

Lecteur (m) ....

Méchant ....

Message (m) ....

Mobylette (f) ....

Moche ....

Parce que ....

Perdre (p.p.: perdu) ....

Piste (f) ....

Police (f) ....

Pourquoi ? ....

Raconter ....

Raté ....

Recherche (f) ....

Rechercher ....

Revue (f) ....

Rigoler ....

Sauf ....

Se fâcher ....

Se rencontrer ....

Spéciale ....

(f) ....

Suspect (m) ....

Tas (m) ....

Téléphoner ....

Témoin (m) ....

Victime (f) ....

Voir (p.p. : vu) ....

Voler ....

Voleur (m) ....

Vraiment ....

Expressions

À mon avis ....

Avoir le bras cassé ....

C'était top ! ....

Demi-page ....

Dis-moi ....

En compagnie de ....

Heureusement que ....

Il paraît que ....

Je crois que ....

Je pense que ....

Je suis sûr que ....

L'autre jour ....

Ne sois pas triste ! ....

Non plus ....

Ouvrir son cœur ....

Pour l'instant ....

Rappelle-toi ....

Tous les jours ....

Toute seule ....

Tu as un drôle d'air ! ....

Tu as raison ....

Tu rêves ! ....

Tu te trompes ....

ÉCHOS

Blague (f) ....

Courir (p.p. : couru) ....

Dire (p.p. : dit) ....

Hôpital (m) ....

Public (m) ....

Publicité (f) ....

Vie (f) ....

UNITÉ 4 - Leçons 10 à 12

Affaires de plage (f. pl.)

Alors

Après

Autocar (m)

Avant

Avoir envie de

Balade (f)

Bois (m)

Boum (f)

Car (m)

Carte postale (f)

Château (m)

Clairière (f)

Crème solaire (f)

Déjà

Depuis

Descendre (p.p. : descendu)

Emporter

Endroit (m)

Ensuite

Excursion (f)

Finalement

Forêt (f)

Jeu de piste (m)

Maillot de bain (m)

Marche (f)

Montagne (f)

Mourir (p.p. : mort)

Naître (p.p. : né)

Niche (f)

Palme (f)

Parasol (m)

Parc de loisirs, d'attractions (m)

Partir

Pauvre

Pendant

Pique-nique (m)

Plage (f)

Problème (m)

Promenade (f)

Puis

Randonnée (f)

Rester

Roller (m)

Sandwich (m)

Se balader

Se promener

Serviette (f)

Sortie (f)

Sortir

Tongue (f)

Expressions

À la campagne ....
Aimer mieux ....
Allô ? Je suis bien au/chez... ....
Au bord de la mer ....
Avoir mal au cœur ....
D'enfer ! ....
D'habitude ....
Être en train de ....
Excusez-moi ! ....
Faire la cuisine ....
Faire le ménage ....
J'en ai marre ....
J'y vais/je n'y vais pas ....
Je m'ennuie ....
Je suis occupé ....
L'année dernière ....
Le week-end dernier ....
Ouais ....
Pas terrible ....
Passe-moi le sel, s'il te plaît ....
Plusieurs fois ....
Première nouvelle ! ....
Prendre sa douche ....
Qu'est-ce que tu fabriques ? ....
Tous les week-ends ....

ÉCHOS

Bicyclette (f) ....
Canette (f) ....
Intérieur/Extérieur ....
Itinéraire (m) ....
Passionné ....
Possible ....
Prix (m) ....
Ramasser ....
Récupérer ....
Restaurant (m) ....
Voyage (m) ....
VTT (vélo tout terrain) (m) ....

Crédits photographiques :
p. 24 : O. MEDIAS/Gérard Roussel

Direction d'ouvrage : Catherine Favret

Édition : Martine Ollivier

Couverture : Grégoire Bourdin

Mise en page : Alinéa

Illustration : Jean-Paul Aussel

Imprimé en France par Laballery – 58500 Clamecy
N° d'éditeur : 10146149 - CGI - Octobre 2007 - N° d' impression : 709100